BEI GRIN MACHT SICH IHR WISSEN BEZAHLT

- Wir veröffentlichen Ihre Hausarbeit,
  Bachelor- und Masterarbeit

- Ihr eigenes eBook und Buch -
  weltweit in allen wichtigen Shops

- Verdienen Sie an jedem Verkauf

Jetzt bei www.GRIN.com hochladen
und kostenlos publizieren

Sportanlagen- und Sportstättenmanagement. Ein Überblick über Bau, Planung, Finanzierung und digitale Vermarktung

Robin Schneider

Bibliografische Information der Deutschen Nationalbibliothek:

Die Deutsche Nationalbibliothek verzeichnet diese Publikation in der Deutschen Nationalbibliografie; detaillierte bibliografische Daten sind im Internet über http://dnb.d-nb.de abrufbar.

ISBN: 9783346871459
Dieses Buch ist auch als E-Book erhältlich.

© GRIN Publishing GmbH
Trappentreustraße 1
80339 München

Druck und Bindung: Books on Demand GmbH, Norderstedt Germany
Gedruckt auf säurefreiem Papier aus verantwortungsvollen Quellen

Das vorliegende Werk wurde sorgfältig erarbeitet. Dennoch übernehmen Autoren und Verlag für die Richtigkeit von Angaben, Hinweisen, Links und Ratschlägen sowie eventuelle Druckfehler keine Haftung.

Das Buch bei GRIN: https://www.grin.com/document/1357218

Sportanlagen- und Sportstättenmanagement. Ein Überblick über Bau, Finanzierung und Vermarktung

Inhaltsverzeichnis

1 Sportanlagen- und Sportstättenbau

Tab. 1: Die Phasen von dem Sportanlagen- und Sportstättenbau (eigene Darstellung)

Phase	Dauer (in Monaten)	Vorgänger	Nachfolger
A Markt- und Bedarfsanalyse	2	-	B,C
B Standortwahl	1	A	D
C Sportverhaltens- und Nutzeranalyse	3	A	D
D Raumprogramm und Funktionsanalyse	1	B,C	E
E Konzeptualisierung mit Kostenschätzung und Betriebskostenanalyse	4	D	F
F Machbarkeit und Finanzierung klären	6	E	G
G Planung und Festlegung der Baudetails	8	F	H
H Realisierung des Baus	14	G	I
I Betrieb der Sporthalle	>12	H	-

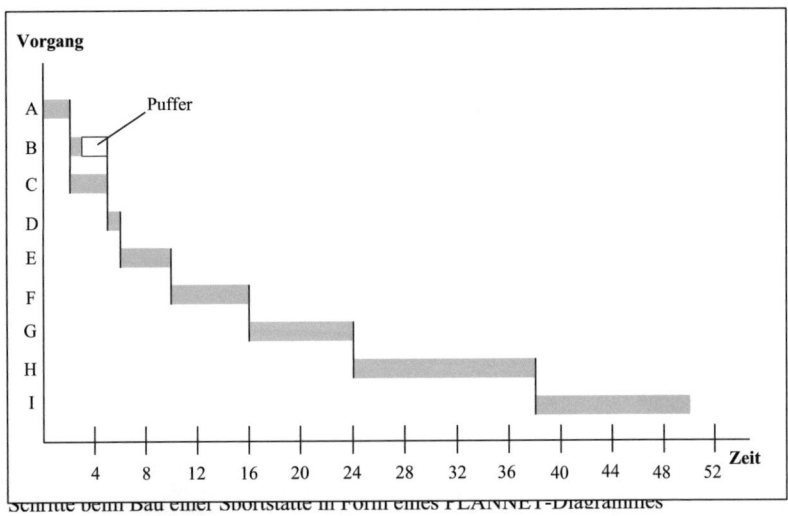

Schritte beim Bau einer Sportstätte in Form eines PLANNET-Diagrammes

Abb. 1: Schritte beim Bau einer Sportstätte in Form eines PLANNET-Diagrammes (eigene Darstellung)

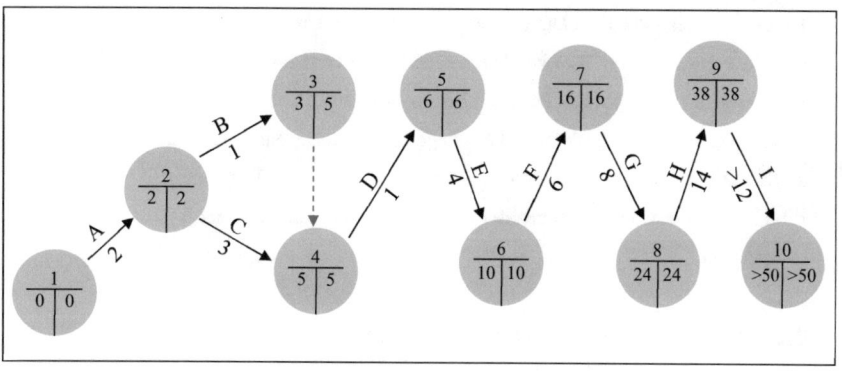

Abb. 2: Schritte beim Bau einer Sportstätte in Form der Netzplantechnik (eigene Darstellung)

Mit dem Betrieb der Sportanlage kann nach 38 Monaten begonnen werden.

2 Kommunale Sportentwicklungsplanung

2.1 Grundformel zur Berechnung des Sportstättenbedarfs

Um im Rahmen einer kommunalen Sportentwicklungsplanung den aktuellen Sportstättentenbedarf zu ermitteln braucht man die Grundformel zur Berechnung des Sportstättenbedarfs. Zuvor muss aber erst einmal der Sportbedarf ermittelt werden. Anschließend kann dann der Sportstättenbedarf errechnet werden. (Köhl & Bach, 2006, S. 64 ff.)

Sportstättenbedarf = Sportler x Häufigkeit x Dauer

$$\text{Sportstättenbedarf} = \frac{\text{Sportbedarf (Sportler x Häufigkeit x Dauer) x Zuordnungsfaktor}}{\text{Belegungsdichte x Nutzungsdauer x Auslastungsfaktor}}$$

Hierzu eine kurze Erläuterung der einzelnen Parameter der Grundformel:

Der Sportler ist eine Person die eine oder mehrere Sportarten ausübt. Diese Person wird für jede ausgeübte Sportart als Sportler gezählt. Das heißt eine Person die beispielsweise Volleyball, Basketball und Leichtathletik betreibt wird dreimal als Sportler gewertet.

Die Häufigkeit beschreibt wie oft der Sportle je Woche eine Sportart ausführt. Die Dauer ist die durchschnittliche Zeit die der Sportler die Sportart in Stunden pro Einheit ausführt.

Durch die zwei zuletzt genannten Parameter kann der Umfang der sportlichen Aktivität näher bestimmt werden. Welcher Anteil einer Sportart auf einer Sportanlage durchgeführt wird, zeigt der Zuordnungsfaktor. Die Belegungsdichte beschreibt, die Anzahl der Sportler einer Sportart, die gleichzeitig die Anlage benutzen. Die Nutzungsdauer ist die Anzahl an Stunden pro Woche, in der die Sportanlage genutzt wird. Der Auslastungsfaktor beschreibt das Verhältnis zwischen der maximalen Auslastung und der tatsächlichen Auslastung.

2.2 Berechnung des Sportstättenbedarfs

Tab. 2: Daten zur Berechnung des Sportstättenbedarfs (eigene Darstellung)

Sportler	Häufigkeit (je Woche)	Dauer (Std./ Einheit)	Zuord- nungsfaktor	Sportstät- tenbedarf	Bele- gungs- dichte	Nutzungs- dauer (Std./Woche)
24000	1,5	1,8	0,5	70	25	30

Sportbedarf = Sportler x Häufigkeit x Dauer

Sportbedarf = 24000 x 1,5 x 1,8

Sportbedarf = 64800

Der Sportbedarf beträgt 64800 für den Fußballsport der Stadt Mannheim.

$$\text{Sportstättenbedarf} = \frac{\text{Sportbedarf (Sportler x Häufigkeit x Dauer) x Zuordnungsfaktor}}{\text{Belegungsdichte x Nutzungsdauer x Auslastungsfaktor}}$$

$$70 = \frac{64800 \times 0{,}5}{25 \times 30 \times \text{Auslastungsfaktor}} \qquad | \text{ zusammenfassen}$$

$$70 = \frac{32400}{750 \times \text{Auslastungsfaktor}} \qquad | \times 750 \times \text{Auslastungsfaktor}$$

$$70 \times 750 \times \text{Auslastungsfaktor} = 32400 \qquad | /70 \,| /750$$

$$\text{Auslastungsfaktor} = \frac{32400}{70 \times 750}$$

Auslastungsfaktor = 0,62

Der Auslastungsfaktor liegt bei 0,62 für den Fußballsport der Stadt Mannheim.

2.3 Förderinteressenten

Der Aussage: „Während die Bundesregierung ausschließlich den Breitensport fördert, besitzen die Bundesländer und Kommunen lediglich Förderinteressen am Spitzensport" kann nicht zugestimmt werden. Es ist genau andersrum, die Bundesregierung fördert den Spitzensport, während die Kommunen und Bundesländer den Breitensport fördern. Die Bundesregierung fördert den Spitzensport um zu zeigen, dass der Sport für den Bund ein wichtiges Anliegen ist. „Leistung der deutschen Spitzensportlerinnen und -sportler tragen zum Ansehen Deutschlands in aller Welt bei" (Bundesministerium des Innern, 2014). Der Bund kann den Bau von Sportanlagen, welche auf den Spitzensport ausgerichtet sind fördern. Jedoch ist die Voraussetzung für die Förderung das zuvor alle anderweitigen Finanzierungsmöglichkeiten, durch die Kommune, das Land oder private Investoren Ausgeschöpft wurden (Bundesministerium des Innern, 2005, S.3). Die finanzielle Unterstützung des Bundes dient somit lediglich als Ergänzung. Die Bundesländer und Kommunen fördern wiederum hauptsächlich den Breitensport. Jedes Bundesland hat hierbei eigene Förderprogramme. Das Land Baden-Württemberg fördert beispielsweise den kommunalen Sportstättenbau. Das Ziel ist es hierbei die Einrichtung und Erhaltung von kommunalen Sportstätten zu fördern (Partecke, Pundt & Groß, 2013a, S.10-11).

3 Finanzierung und Betrieb von Sportanlagen

3.1 Investition und Finanzierung

Die Daten zum Neubau der Sporthalle wurden der Aufgabe entnommen und zur besseren Übersicht in die Tabelle eingetragen.

Tab. 3: Übersicht Daten zum Neubau der Sporthalle (eigene Darstellung)

Investitionsausgaben für die Halle	3 Millionen Euro (netto)
Betriebs- und Instandhaltungskosten	100.000 Euro (netto) pro Jahr, in den nächsten 5 Jahren steigt jährlich um 3 %
Mehreinnahmen	60.000 Euro (brutto, 19% Umsatzsteuer enthalten) pro Jahr, steigt jährlich um 15%
Entgelt von Schulen	1.000 Euro (netto) pro Monat
Laufzeit der Investition	5 Jahre
Kapitalwertverzinsung	12%

Um korrekt weiter Rechnen zu können müssen alle Beträge in netto umgerechnet werden. Somit muss von den Mehreinnahmen 19% Umsatzsteuer abgezogen werden.

$$\frac{60.000}{1,19} = 50.420,17$$

Für die Berechnung der Barwerte wird der Abzinsungsfaktor benötigt. Zur Berechnung wird folgende Formel verwendet (Perridon et al., 2009, S. 50):

Abzinsungsfaktor $= (1 + i)^{-n}$

i = Kalkulationszinsfuß   n = Anzahl der Nutzungsperioden

Im nächsten Schritt werden jeweils die Ein- und Auszahlungen unter Beachtung der jeweiligen Prozentsätze mit dem Abzinsungsfaktor multipliziert. Dadurch ergeben sich die Barwerte.

Tab. 4: Ein- und Auszahlungen mit Barwerten (eigene Darstellung)

Jahr	Abzin-sungsfaktor	Einzahlung	Barwert Ein-zahlung	Auszahlung	Barwert Auszahlung
1	$1{,}12^{-1}$	62.420,17	55.732,29	100.000	89.285,71
2	$1{,}12^{-2}$	69.983,19	55.790,17	103.000	82.110,97
3	$1{,}12^{-3}$	78.680,67	56.003,35	106.090	75.512,77
4	$1{,}12^{-4}$	88.682,77	56.359,51	109.272,7	69.444,78
5	$1{,}12^{-5}$	100.185,19	56.847,77	112.550,88	63.864,39
Summe:			280.733,09		380.218,62

Die folgende Formel dient zur Ermittlung des Kapitalwerts (Perridon et al., 2009, S. 52):

$$K_0 = - A_0 + \sum_{t=1}^{n} (E_t - A_t) \times (1 + i)^{-t} + L_n(1 + i)^{-n}$$

Kapitalwert = -Anschaffungskosten + Summe der Barwerte Einzahlungen – Summe der Barwerte Auszahlungen + Barwert Liquidationserlös

Durch das Einsetzen, der in der Tabelle errechneten Summen, der Barwerte Ein- und Auszahlung kann wie folgt der Kapitalwert errechnet werden:

Kapitalwert = -3.000.000+280.733,09-380.218,62

= -3.099.485,53

Der Kapitalwert für die Investition beträgt -3.099.485,53€.

3.2 Auslastungsanalyse einer Sportanlage

Bei der Auslastungsanalyse wird die vorhandene Auslastung mit der optimalen Auslastung anhand verschiedener Parameter verglichen. Als erstes notiert man die Ist-Nutzungsdauer, diese gibt die tatsächlich genutzten Zeiträume in Std./ Woche an. Als nächstes die Soll-Nutzungsdauer, diese gibt die möglichen zu nutzenden Zeiträume in Std./Woche an. Als drittes wird die Ist-Belegungsdichte angegeben, welche die Anzahl an Sportler, die im selben Zeitraum anwesend sind, nach Sportart und Leistungsstufe (Spo/A = Sportler je Anlage). Zum Schluss wird dann die Soll-Belegungsdichte angegeben, diese gibt die mögliche Anzahl an Sportler, welche im selben Zeitraum anwesend sind, nach Sportart und Leistungsstufe an (Spo/A = Sportler je Anlageeinheit). Die genannten 4 Faktoren sind sehr wichtig für die Auslastungsanalyse. Durch diese Faktoren ist es dem Sporthallen Betreiber möglich die Kapazität einer Sportanlage mit Anpassungen des Belegungsplans zu beeinflussen (Bach, 2011, S. 7)

Im nächsten Schritt wird die Ist- und Soll-Nutzungsdauer insgesamt wie auch die Ist- und Soll-Sportler berechnet. Anschließend werden die Ist- und Soll-Sportlerstunden insgesamt berechnet. Zum Abschluss kann man dann aus den gewonnenen Werten die Auslastung und die Kapazitätsreserve berechnen.

Ist-Nutzungsdauer insgesamt (Std/Woche) = 1,5+2,5+2+1

$$= 7$$

Soll-Nutzungsdauer insgesamt (Std/Woche) = 1,5+1,5+2,5+2+1

$$= 8,5$$

Ist-Sportler insgesamt (Spo) = 14+15+18+5

$$= 52$$

Soll-Sportler insgesamt (Spo) = 12+15+20+15+15

$$= 77$$

Ist-Sportlerstunden insgesamt (Spo x Std/Wo) = (1,5 x 14)+(2,5 x 15)+(2 x 18)+(1 x 5)

$$= 99,5$$

Soll-Sportlerstunden insgesamt (Spo x Std/Wo) = (1,5 x 12)+(1,5 x 15)+(2,5 x 20)+(2 x 15)+(1 x 15)

$$= 135,5$$

$$\text{Auslastung in \%} = \frac{\text{Ist-Sportlerstunden pro Woche x 100}}{\text{Soll-Sportlerstunden pro Woche}}$$

$$\text{Auslastung in \%} = \frac{99,5 \times 100}{135,5}$$

Auslastung in % = 73,43%

Kapazitätsreserve in %= Maximale Nutzungskapazität − Auslastung

$$= 83\% - 73,43\%$$

$$= 9,57\%$$

3.3 Auslastungsoptimierung

Um die Auslastung zu optimieren wird Handball von Montag auf Dienstag gelegt, Basketball von Mittwoch auf Donnerstag, Fußball von Donnerstag auf Mittwoch und Badminton von Freitag auf Montag.

Ist-Nutzungsdauer insgesamt (in Stunden) = 1,5+1,5+2,5+2

$$= 7,5$$

Soll-Nutzungsdauer insgesamt (in Stunden) = 1,5+1,5+2,5+2+1

$$= 8,5$$

Ist-Sportler insgesamt (in Sportler) = 14+15+18+5

$$= 52$$

Soll-Sportler insgesamt (in Sportler) = 12+15+20+15+15

$$= 77$$

Ist-Sportlerstunden insgesamt (Spo x Std/Wo) = (1,5 x 5)+(1,5 x 14)+(2,5 x 18)+(2 x 5)

$$= 103,5$$

Soll-Sportlerstunden insgesamt (Spo x Std/Wo) = (1,5 x 12)+(1,5 x 15)+(2,5 x 20)+(2 x 15)+(1 x 15)

$$= 135,5$$

$$\text{Auslastung} = \frac{\text{Ist-Sportlerstunden pro Woche x 100}}{\text{Soll-Sportlerstunden pro Woche}}$$

$$\text{Auslastung} = \frac{103,5 \times 100}{135,5}$$

Auslastung = 76,38%

Die neue Ist-Auslastung ist um 2,95% gestiegen, da die Soll-Nutzungsdauer sich um eine halbe Stunde verlängert hat. Der nicht belegte Zeitraum am Dienstag von 1,5 Stunden wird in der neuen Zuteilung genutzt. Dafür ist am Freitag der Belegungszeitraum von einer Stunde frei. Es kommt zu keiner Übernutzung der Sportanlage mehr, da die Ist-Belegungsdicht jetzt immer geringer oder gleich der Soll-Belegungsdichte. Um sich weiter der maximalen Auslastung anzunähern, können jetzt die Sportarten welche unter der Soll-Belegungsdicht liegen, mit weiteren Sportlern aufgefüllt werden.

3.4 Nachhaltigkeit von Sportstätten

Die Nachhaltigkeit kann in drei Säulen eingeteilt werden die ökologische, die ökonomische und die Soziale. Im Bezug auf Sportstätten bedeutet Nachhaltigkeit, diese so zu betreiben, dass ein möglichst großer Nutzen für den Eigentümer bzw. den Betreiber, die Nutzer (Sporttreibenden & Mitarbeiter) und die Gesellschaft entsteht. Hierbei ist das Ziel negative ökologische, ökonomische und soziale Folgen zu vermeiden bzw. kontinuierlich zu Reduzieren. (Neuerburg, 2009, S. 6)

Bei der Aussage „Die nachhaltigsten Olympischen Spiele sind die, die gar nicht stattfinden" muss differenziert werden, da die Nachhaltigkeit aus drei Säulen besteht. Alle 3 Säulen werden gleichgewichtet und können jeweils einzeln betrachtet werden. Die ökologische Nachhaltigkeit hat im Fokus die Lebensgrundlage der Menschen und somit das ökologische System zu erhalten. Es nimmt Emissionen auf, und ist die Quelle für natürliche Ressourcen, die dem Menschen Nutzen schafft. Im Bezug auf die Olympischen Spiele wurde das vor 2012 kaum beachten. Olympia 2012 in London sollte jedoch eine Wende einschlagen. Beispielsweise wurde im Zuge der Bauten Millionen Tonnen Erdreich gereinigt, was durch Industriegifte verschmutzt war. Zudem wurden 300.000 Pflanzen und 2.000 Bäume gepflanzt (Bundeszentrale für politische Bildung, 2012). Die meisten Sportanlagen die man extra für Olympia gebaut hat wurden so konzipiert, dass man sie entweder zurückbauen kann oder genau so weiter benutzt. Viele Bauten für Olympia wurden aber auch wieder vollständig abgebaut und dann weiterverkauft (Thibaut, 2012). Somit wurde der Ressourcenverschwendung entgegengewirkt. Die Olympischen Spiele benötigen jedoch so viele Ressourcen, die nicht alle benutzt oder wieder verwendet werden können. Alleine der entstandene Müll der nicht vollständig recycelt werden kann. Aber auch der hohe Stromverbrauch von nicht erneuerbaren Quellen, schädigt das ökologische System.

Bei der ökonomischen Nachhaltigkeit werden die Erhaltung und Steigerung der Leistungsfähigkeit und eine ständige Verbesserung der Wirtschaftlichkeit angestrebt. Außerdem ist es auch die Aufgabe den Wohlstand der Menschen zu steigern und langfristig zu sicher. Bei den Olympischen Spielen in London wurde dies durch das Schaffen von vielen neuen Arbeitsplätzen gut umgesetzt (Bundeszentrale für politische Bildung, 2012). Durch den Tourismus wurde eine Verbesserung der Wirtschaftlichkeit für den Zeitraum der Olympischen Spiele erreicht (Thibaut, 2012).

Im Hinblick auf die soziale Nachhaltigkeit sind „Grundbedürfnisse und Grundgüter" wichtige Begriffe. Die Unterstützung von sozial schwachen Gruppen steht hier im Vordergrund. Für eine guten und langfristigen Zusammenhalt der Gesellschaft sind aber auch die Toleranz, Solidarität, Gemeinwohlorientierung und der Rechts- und Gerechtigkeitssinn wichtige Bausteine (Hauff, 1987, S.20-21). Im Bezug auf die Olympischen Spiele in London gab es bei der sozialen Nachhaltigkeit positives, zum Beispiel sozial geförderte Eigentums- und Mietwohnungen für ca. 6000 Londoner (Thibaut, 2012). Aber auch die Einbindung der Bürger in alle Planungsschritte und das Recht mit entscheiden zu können. Es wurden viele positive Aspekte angesprochen, jedoch ist es einfach eine Tatsache das die Olympischen Spiele enorme Ressourcen benötigen. Auch wenn vieles weiterverwendet wird, werden auch viele Ressourcen verschwendet. Die Olympischen Spiele in London 2012 sind auf jeden Fall ein Schritt in die richtige Richtung, aber ohne sie wäre es gerade aus ökologischer Sicht Nachhaltiger. Und da sobald eine der drei Säulen nicht Nachhaltig ist, das Ganze nicht nachhaltig ist, muss man demnach der Aussage „Die nachhaltigsten Olympischen Spiele sind die, die gar nicht stattfinden" zustimmen.

4   Digitale Vermarktung von Sportanlagen und Sportstätten

Tab. 5: Vier Möglichkeiten der Digitalisierung in einer Sportanlage im Profihandballclub (eigene Darstellung)

Möglichkeit	Mehrwert Betreiber	Mehrwert Fans	Mehrwert Sponsoren
Sportanlagen-App	- Entlastung der Mitarbeiter - Werbefläche	- Bessere Orientierung - Übersicht von News, Angeboten, Statistiken	- Zielgerichtete Werbung durch die App - Große Reichweite
W-LAN	- Datensammlung der W-LAN Nutzer - Mehr Fans benutzen die App	- Erleichterung der Nutzung des Internets - Effizientere Nutzung von der App	- Zielgruppen gerichtete Werbung - Geringere Ausgaben für Werbung
Digitale Werbebanner	- Mehrere Werbeanzeigen auf einem Banner - Mehr Einnahmen	- Informationen zum Spiel - Unterhaltung	- Besserer Transport der Werbebotschaften - Mehr Aufmerksamkeit
Digitale Währung	- Verringert Wartezeit beim bezahlen - Kaufanreiz durch Prämien	- Einfaches bargeldloses Bezahlen - Rabattaktionen	- Neue Zielgruppen - Steigerung der Unternehmensbekanntheit

Mit der Sportanlagen-App kann man beispielsweise einfacher seinen Platz suchen aber auch den nächsten Getränke- oder Essensstand, was zu einer Entlastung der Mitarbeiter führt. Im optimalen Fall sogar zu einer Einsparung von Mitarbeitern und dadurch zu weniger Kosten für den Betreiber. Sie bietet aber auch eine Werbefläche für den Betreiber auf der er für Aktionen oder für das nächste Event werben kann. Die Fans haben durch die App eine bessere Orientierung, da sie wie bereits genannt ihren Platz einfacher, oder aber auch den nächsten Getränke- oder Essensstand, finden können. Durch die Sportanlagen-App können sich die Fans aber auch ganz einfach die News der Anlage anschauen. Sie bekommen Angebote vorgeschlagen die nur für die Benutzer der App gelten oder können sich Statistiken der Anlage, wie zum Beispiel die Auslastung anschauen. Durch die App können Sponsoren viel zielgerichtetere Werbung schalten, da man die App User viel besser Analysieren kann. Aber auch die Reichweite der Sponsoren vergrößert sich durch die App enorm. Durch die App ist man als Sponsor eng am Fan was die Wahrscheinlichkeit erhöht ihn als Kunden zu gewinnen. Durch die Datensammlung der W-LAN Nutzer kann das eigene Angebot der Nachfrage entsprechend angepasst werden. Das W-LAN ermöglicht eine effiziente Nutzung weiterer digitalen Angebote wie zum Beispiel der Sportanlagen App, dieser Mehrwert gilt sowohl dem Betreiber als auch dem

Fan. Für den Betreiber hat das den positiven Effekt, dass mehr Leute die App benutzen und der Fan kann die App effizienter nutzen. Das W-LAN bringt den Fans auch eine konstante und schnelle Internet Nutzung. Dadurch können Inhalte zum Spiel, Liveticker etc. genutzt werde. Es ist auch wieder eine Zielgruppen gerichtete Werbung durch die Datensammlung möglich. Hiermit werden auch die Streuverluste reduziert, was zu geringeren Ausgaben für die Werbemaßnahmen führt. Durch die Digitalen Werbebanner können mehrere Werbeanzeigen geschalten werden, was zu mehr Sponsoren Einnahmen führt. Aber es kann auch eigene Werbung betrieben werden, die dann einen Mehrwert für den Betreiber hat. Die Fans können auf den Werbebannern Informationen zum Spiel sehen, was ihnen ein besseres Erlebnis beim Spiel gibt. Über die Digitalen Werbebanner können aber auch Videos abgespielt werden. Zum Beispiel in der Halbzeit ein kleiner Zusammenschnitt der Highlights der ersten Halbzeit. Dadurch werden die Fans unterhalten und haben noch mehr Spaß in der Sportanlage. Die Möglichkeit Videos darauf abzuspielen bringt den Sponsoren große Vorteile bei der Übermittlung der Werbebotschaften. Somit können sie die Fans emotional leichter erreichen. Ein digitaler Werbebanner zieht viel mehr Aufmerksamkeit auf sich, als ein normales Banner. Dadurch sehen es mehr Leute und die Sponsoren haben mit ihrer Marke eine größere Reichweite.

Die Fanzufriedenheit wird erhöht in dem die Wartezeiten durch das bargeldlose Bezahlen verringert wird, vor allem in den Servicebereichen wie beim Kiosk, Bistro und dem Fanshop. Zusätzlich kann ein Kaufreiz mit Prämienpunkten erreicht werden. Diese zwei Mehrwerte führen dann auch automatisch zu Mehreinnahmen des Betreibers. Durch die bereits erwähnten verringerten Wartezeiten in den Servicebereichen sind die Besucher natürlich auch zufriedener, genauso wie durch das einfache bargeldlose Bezahlen. Durch erworbene Punkte können Besucher auch Rabatte und Gutscheine bekommen. Hiermit können die Besucher Geldsparen, was ein weiterer Mehrwert für sie ist. Die Sponsoren können genau an diesem Punkt anknüpfen, den durch die von ihnen bereitgestellte Gutscheine können sie neue Zielgruppen erschließen. Zusätzlich wir die Unternehmens- und Produktbekanntheit durch die Gutscheine auch nochmal gesteigert.

5 Literaturverzeichnis

Bach, L. (2011). Sportstätten-Management – eine Gemeinschaftsaufgabe im Sport. *7. Landessportkonferenz des Landes Brandenburg. Potsdam.*

Bundesministerium des Innnern. (10. Oktober 2005). *Richtlinien des Bundesministeriums des Innern über die Gewährung von Zuwendungen zur Förderung von Baumaßnahmen für den Spitzensport.* Abgerufen am 16.06.2022 von Bundesministerium des Innern: https://www.bmi.bund.de/SharedDocs/downloads/DE/veroeffentlichungen/themen/sport/sport-sportstaettenbau.pdf?__blob=publicationFile&v=2

Bundesministerium des Innern. (2014). *Sportpolitik des Bundes, Bundesministerium des Innern.* Zugriff am 16.06.2022. Verfügbar unter http://www.bmi.bund.de/DE/Themen/Sport/Sportpolitik/sportpolitik_node.html

Bundeszentrale für politische Bildung. (25.07.2012). *Olympische Sommerspiele in London.* Abgerufen am 16.06.2022 von Bundeszentrale für politische Bildung: https://www.bpb.de/politik/hintergrund-aktuell/141599/olympische-sommerspiele-in-london-25-07-2012

Hauff, V. (Hrsg.). (1987). *Unsere gemeinsame Zukunft. Der Brundtland-Bericht der Weltkommission für Umwelt und Entwicklung.*

Köhl, W., & Bach, L. (2006). *Leitfaden zur Sportstättenentwicklungsplanung.* Bonn: Bundesinstitut für Sportwissenschaft.

Neuerburg, H.-J. (2009). Nachhaltiges Sportstättenmanagement - Ziele Handlungsfel- der und Perspektiven. In Deutscher Olympischer Sportbund (DOSB) (Hrsg.), *Nachhaltiges Sportstättenmanagement. Dokumentation des 17. Symposiums zur nachhaltigen Entwicklung des Sports* (S. 5–10).

Partecke, I., Pundt, G. & Groß, A. (2013a). Sportstätten-Förderprogramme: Bundesländer. *Stadionwelt* (Juli), 10–13.

Perridon, L., Steiner, M. & Rathgeber, A. W. (2009). *Finanzwirtschaft der Unternehmung* (Vahlens Handbücher der Wirtschafts- und Sozialwissenschaften, 15. Aufl.). München: Vahlen.

Thibaut, M. (13. 8 2012). *Was bleibt von London 2012?* Abgerufen am 16.06.2022 von Der Tagesspiegel: https://www.tagesspiegel.de/sport/olympische-spiele-was-bleibt-von-london-2012/6992004.html

6 Abbildungs- und Tabellenverzeichnis

6.1 Abbildungsverzeichnis

6.2 Tabellenverzeichnis